Retrouvez toute notre collection sur :

www.quellehistoire.com

Disponible

Disponible

Disponible

Disponible

Disponible

Disponible

Disponible

Disponible

Disponible

Disponible

Disponible

Disponible

Disponible

Disponible

Disponible

Disponible

Disponible

Disponible

Disponible

Disponible

Disponible

Disponible

Disponible

Disponible

Disponible

Disponible

Disponible

Disponible

Disponible

Disponible

Disponible

Disponible

À découvrir également

dans la collection Histoire junior

Disponible

Disponible

Disponible

Coffret 4 livres
Disponible

La collection Mythologie

pour tout connaître des grands héros de l'Antiquité

Disponible

Disponible

Disponible

Quelle Histoire
EDITIONS

Édition et conception : Quelle Histoire SAS
Illustrations : Bruno Wennagel, Mathieu Ferret
Textes : Patricia Crété

Siège social : 3, rue de Fürstemberg 75006 Paris
Édition et conception : 80, rue des Haies 75020 Paris

www.quellehistoire.com
contact@quellehistoire.fr

Fabriqué par Labelfab / Imprimé en France par Stin Imprimerie - Toulouse

Dépôt légal octobre 2015

PEFC 10-31-2841 / PEFC recyclé / Ce produit est issu de sources recyclées et contrôlées. / pefc-france.org

FABRIQUÉ EN FRANCE

HISTOIRE
DE PARIS

Lutèce, la ville romaine

Nous sommes au 1er siècle avant Jésus-Christ. La Gaule a été conquise par Jules César. Mais la tribu gauloise des Parisii, qui donnera son nom à notre capitale vers 310, résiste. César dit à son général Labienus : « Va combattre ces irréductibles Gaulois ! » En quelques jours, les légions romaines remportent la victoire. La bourgade gauloise devient Lutèce, une grande cité avec son forum, ses théâtres et amphithéâtres pour les jeux du cirque, et des thermes aussi luxueux que ceux de Rome : on s'y plonge dans l'eau chaude puis dans l'eau froide... au risque d'attraper un gros rhume... Mais la paix dure peu de temps. Viennent les Barbares, puis les Vikings qui ravagent la cité pendant plusieurs siècles.

52
av. J.-C.

Saint Louis à la Sainte-Chapelle

Les années ont passé. Le royaume est dirigé par le roi Louis IX, un homme très pieux. Il a acheté une vingtaine d'objets saints liés à la crucifixion de Jésus à Jérusalem, dont la couronne d'épines qu'il portait sur la tête. Pour les abriter, le souverain fait construire la Sainte-Chapelle, une église magnifique, qu'il inaugure le 26 avril 1248. Il y a beaucoup de gens autour de lui. Regarde : le roi arrive, portant sur un coussin en velours les précieuses reliques. Il va les déposer au centre de la chapelle et tout le monde pourra les admirer. Non loin de là, une autre église est en construction : c'est le chantier de Notre-Dame.

1248

Philippe le Bel à Notre-Dame

Chef-d'œuvre de l'art gothique, la cathédrale se dresse, majestueuse, dans l'île de la Cité, avec ses trois portails, ses tours, ses arcs-boutants, ses vitraux multicolores, et ses gargouilles monstrueuses qui font peur aux enfants. Le 18 mars 1314, les Parisiens se rassemblent sur le parvis pour entendre la condamnation au bûcher des derniers Templiers, ces moines chevaliers très riches avaient déjà prêté beaucoup d'argent au roi de France, qui ne voulait pas les rembourser. À la nuit tombée, on entend leur chef Jacques de Molay crier : « Maudits ! Maudits ! Tous maudits...» La malédiction touchera les derniers rois capétiens : après eux, régneront les Valois, puis les Bourbons.

1314

Richelieu et la Sorbonne

Depuis sa création en 1253, l'université de la Sorbonne accueille les étudiants qui travaillent beaucoup plus qu'aujourd'hui. Les cours commencent à 5 heures du matin, tu te rends compte ! Au programme : grammaire, astronomie, mathématiques et musique. Le 15 mai 1635, Richelieu, qui remplit les fonctions de « Premier ministre » du roi Louis XIII, descend de son carrosse avec sa calotte et sa robe rouge de cardinal. Qu'est-ce qu'il vient faire ? Un témoin raconte : « Il se dirige vers le maître-autel et, muni d'une truelle en argent, oui, oui, en argent, il pose la première pierre de la chapelle de l'université », chapelle que l'on peut toujours admirer.

1635

Louis XIV et ses soldats

Louis XIV, celui que l'on surnomme le « Roi-Soleil », succède à son père Louis XIII. Même s'il habite Versailles, il n'abandonne pas pour autant Paris, sa capitale. Comme il fait beaucoup la guerre et qu'il y a de nombreux blessés, il décide de construire un grand bâtiment pour les soldats de ses armées : qu'ils soient blessés, âgés ou malades, tous sont « invalides », d'où son nom : l'hôtel des Invalides. C'est un hôpital mais aussi une sorte de maison de retraite qui accueille ses premiers pensionnaires en 1674. Aujourd'hui, l'hôpital est toujours en activité. Le musée de l'Armée y a été installé. L'église, reconnaissable à son dôme couvert de feuilles d'or, brille sous les rayons du soleil. Elle abrite maintenant le tombeau de Napoléon.

1674

Napoléon et le musée du Louvre

Au fil des siècles, les rois de France ont rassemblé dans leur résidence officielle du Louvre, des œuvres d'art. En 1793, en pleine Révolution française, les nouveaux dirigeants du pays décident d'y créer un musée. Rebaptisé musée Napoléon en 1803, il est totalement réaménagé et devient le plus prestigieux du monde. L'Empereur lui-même, accompagné du directeur du musée, Vivant-Denon, s'y promène souvent. Comme lui, toi aussi, tu peux y voir aujourd'hui accrochés au mur des tableaux à sa gloire : *Le Sacre*, par exemple, peint par David. As-tu une idée du nombre de personnes représentées ? 50, 80 ? Il y en a plus de 100 ! Mais déjà la France et Paris plongent dans de nouvelles révolutions : 1830, 1848.

1803

La Commune de Paris

En février 1871, un conflit entre les Prussiens et la France provoque la chute de Napoléon III. Après ce désastre, une guerre civile éclate entre le nouveau gouvernement et les Parisiens qui prennent les armes, construisent des barricades et se proclament Commune de Paris. Le mardi 23 mars au soir, les insurgés décident d'incendier Paris. Imagine-toi « le ciel s'embrase d'une immense lueur rouge… comme si toute la ville s'allumait » : l'Hôtel de Ville, les Tuileries, le Palais Royal partent en fumée. Le 28 mai, c'en est fini de l'insurrection. Le sang a coulé. Paris est défiguré.

1871

L'Exposition universelle

L'exposition célébrant le centième anniversaire de la Révolution permet de rebâtir la capitale. L'ingénieur Gustave Eiffel construit une tour métallique de plus de 300 mètres de haut sur le Champ-de-Mars. Le 6 mai, c'est l'ouverture. Dès la première semaine, alors que les ascenseurs ne fonctionnent pas encore, 30 000 visiteurs grimpent à pied les 1710 marches qui mènent au 2ᵉ étage ! « De là-haut, quelle vue magnifique ! » Journalistes, poètes, écrivains saluent ce « mât qui, sur la ville immense, la nuit projettera ses feux ». Le soir venu, tous vont faire la fête. Cette année-là, deux millions de personnes auront découvert d'en haut, le panorama exceptionnel de Paris. Depuis cette date, c'est plus de 250 millions de personnes qui sont montées au sommet, plus de 4 fois la population française.

1889

Les nuits parisiennes

Au pied de la butte Montmartre se trouve un étrange moulin aux ailes toutes rouges et dans le jardin, un gigantesque éléphant : c'est un cabaret, inauguré en 1889, qui très vite, devient à la mode. Au Moulin Rouge, on voit des danseuses qui exécutent une toute nouvelle danse : le « french cancan ». Elles lèvent la jambe très haut et terminent par un grand écart, sous les applaudissements d'un public enthousiaste. Elles portent de drôles de noms qui font bien rire : la Môme fromage, Grille d'Égout, Nini Pattes en l'air et la Goulue, l'amie du peintre Toulouse-Lautrec. Aujourd'hui encore, les spectacles attirent beaucoup de monde.

1934

Paris libéré

En 1940, la France est envahie par les armées de l'Allemagne nazie. Après 4 ans d'occupation, le 25 août 1944, l'espoir renaît à Paris, les Alliés entrent dans la capitale : les gens chantent dans les rues et les enfants découvrent un drôle de bonbon américain : le chewing-gum. Ça colle aux dents mais c'est rigolo, on peut faire des bulles. Le lendemain, le général de Gaulle, chef de la France libre, se rend place de l'Étoile et ranime la flamme du Soldat inconnu, un combattant anonyme de la 1re Guerre mondiale, qui repose sous l'Arc de triomphe depuis 1920. Il prononce un discours devenu célèbre : « Paris ! Paris outragé ! Paris brisé ! Paris martyrisé... Mais Paris libéré ! » Avec ses armées et tous les résistants, il défile sur les Champs-Élysées, sous les hourras des Parisiens.

1944

50 av. J.-C.

52 av. J.-C. Les Romains s'installent à Lutèce.

451 Sainte Geneviève défend Paris contre Attila.

885 700 drakkars vikings assiègent Paris.

1182 Consécration de Notre-Dame de Paris par Philippe Auguste.

1190 Philippe Auguste fait construire le Louvre.

1314 Exécution du grand-maître des Templiers Jacques de Molay

1358 Étienne Marcel le prévôt des marchands, soulève la capitale.

1437
Le roi Charles VII entre en vainqueur après le départ des Anglais.

1572
Massacre de la Saint-Barthélemy : des milliers de protestants sont assassinés.

1610
Henri IV est assassiné par Ravaillac dans la rue de la Ferronnerie (quartier des Halles)

1642
Richelieu est inhumé dans la chapelle de la Sorbonne qu'il a fait construire.

1648
Début de la Fronde parlementaire. Barricades dans Paris.

1706
Inauguration par Louis XIV de la grande église royale jouxtant l'hôtel des Invalides.

1750

1750

1789
Prise de la Bastille, symbole de l'absolutisme royal.

1792
Prise des Tuileries par les Parisiens armés de piques.

1793
Exécution du roi Louis XVI, place Royale.

1804
Napoléon, sacré empereur à Notre-Dame.

1830
Le roi Charles X est chassé du trône, remplacé par Louis Philippe.

1841
Début des travaux de l'enceinte de Thiers autour de Paris

1848
Louis-Philippe s'enfuit ; Lamartine proclame la République.

1871
La Commune de Paris est proclamée.

1889
Le président de la République Sadi Carnot inaugure l'Exposition universelle.

1900
La première ligne de métro fonctionne.

1920
Le Soldat inconnu est enterré sous l'Arc de triomphe.

1924
Ouverture des Jeux Olympiques d'été, à Paris.

1944
Les troupes du général Leclerc libèrent la capitale.

1968
Important mouvement étudiant dans les rues de la capitale.

1980

PARIS
18
17
19
9
10
8
2
3
20
16
1
4
7
11
6
5
15
12
14
13
MOULIN ROUGE
1
2
3
4
5
6
7
8
9
10

Légende de LA CARTE

1

Thermes de Cluny

(I-IIe s. apr. J.-C.), 5e arr.

La Lutèce gallo-romaine, comme toutes les grandes cités de l'Empire romain, a ses thermes, avec ses pièces chaude, froide et tiède, et son gymnase. Seul le frigidarium (la salle froide) subsiste, intégré au musée du Moyen Âge.

2

Sainte-Chapelle

(1242-1248), 1er arr.

Chef-d'œuvre de l'art du vitrail, cet édifice construit sur deux étages par le roi Saint Louis pour abriter ses précieuses reliques de la Passion de Jésus, est situé dans l'enceinte du palais de Justice, sur l'île de la Cité.

3

Cathédrale Notre-Dame

(1163-1345), 4e arr.

Elle a 2 hautes tours, 3 porches en façade surmontés des 28 statues de la galerie des rois, de superbes rosaces décorées de vitraux multicolores, et tout en haut des gargouilles monstrueuses… qui font un peu peur.

4

La Sorbonne

(1253-1622), 5e arr.

Université emblématique du Quartier latin avec sa chapelle et son grand amphithéâtre dédié à Richelieu, la Sorbonne s'est agrandie au fil des siècles. Elle a toujours été le centre de la contestation étudiante à Paris.

Légende de

LA CARTE

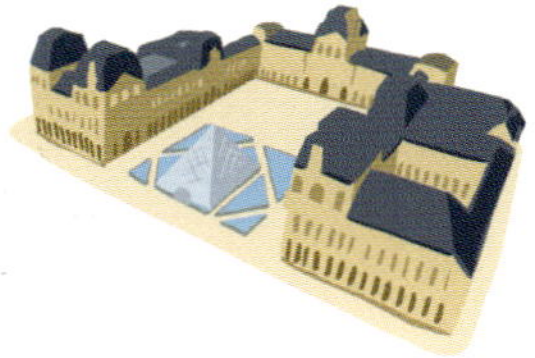

5

Les Invalides

(1670-1679) , 7e arr.

Facilement reconnaissable aujourd'hui à son dôme doré, le bâtiment construit sous Louis XIV pour ses soldats blessés abrite aujourd'hui encore un hôpital mais aussi le musée de l'Armée et la tombe de Napoléon.

6

Musée du Louvre

(1792), 1e arr.

Près de 10 millions de visiteurs par an admirent les 35 000 œuvres exposées, réparties en 12 départements (des Antiquités égyptiennes à la Peinture française du XIXe siècle). Sans oublier la pyramide inversée de Ming Pei.

7

Basilique du Sacré-Cœur

(1875-1891), 18e arr.

Cette église de style romano-byzantin se dresse sur la butte Montmartre. Du parvis, on a d'ailleurs une vue splendide sur toute la capitale. À l'intérieur, on y découvre la plus grande mosaïque et la plus grosse cloche... de France.

Légende de

LA CARTE

8

Tour Eiffel
(1887-1889), 7e arr.

La « dame de fer » domine de ses 324 mètres le Champ-de-Mars. Il était prévu de la démonter après l'Exposition universelle de 1889, mais il n'en fut rien. Des antennes de radio, télé et TNT y sont installées au sommet.

9

Moulin Rouge
(1889), 18e arr.

Ce cabaret, créé à la Belle Époque, est toujours aussi célèbre. Les spectateurs y dînent dans un cadre authentique (fresques murales et affiches originales), tout en admirant les traditionnelles danseuses de french cancan.

10

Arc de triomphe de l'Étoile
(1806-1836), 8e arr.

Élevé sur ordre de Napoléon à la gloire des armées françaises, cet édifice rappelle toutes les grandes batailles. À ses pieds, une flamme qui ne doit jamais s'éteindre éclaire la tombe du Soldat inconnu, installée depuis 1923.

Denis de Paris

(mort 250 ou 258 apr. J.-C.)

Le premier évêque de Paris est condamné à mort par les Romains qui persécutent les chrétiens de Gaule. La légende veut qu'il ait marché depuis Montmartre jusqu'à l'actuelle basilique Saint-Denis, sa tête sous le bras.

Sainte Geneviève

(423-512)

En 451, cette jeune femme très pieuse encourage les Parisiens à résister à l'invasion des Huns, commandés par Attila, qui n'ont pas réussi à s'emparer de la ville. Depuis, elle est la patronne de Paris et des gendarmes.

Clovis

(466-511)

Ce Mérovingien, converti au christianisme, devient le roi de tous les Francs. Il installe, le premier, sa capitale à Paris et transforme les thermes gallo-romains en résidence royale : ce sera le palais des Thermes.

Philippe Auguste

(1165-1223)

Septième roi de la dynastie des Capétiens, il joue un grand rôle dans l'aménagement de Paris : pavage des rues, construction de la cathédrale Notre-Dame, des premières Halles, d'un mur d'enceinte sur la rive gauche.

Étienne Marcel

(1302 / 1310-1358)

En 1354, il devient prévôt des marchands de Paris, un poste important car il est chargé de l'approvisionnement de la ville, des travaux publics et de la collecte des impôts. En 1358, il dirige une révolte contre le roi Jean le Bon.

Henri IV

(1553-1610)

Devenu roi en 1589, il faudra cinq années de guerre civile et une conversion au catholicisme (il est né protestant) pour qu'il fasse une entrée triomphale à Paris le 22 mars 1594. « Paris vaut bien une messe », aurait-il dit alors.

Georges Eugène Haussmann

(1809-1891)

Préfet de la Seine, pendant plus de vingt ans, le baron Haussmann transforme la capitale. Il fait construire des avenues comme les Champs-Élysées et fait bâtir de nouveaux immeubles, installant le tout-à-l'égout.

Marianne

(1792)

Incarnation de la République française, officialisée par Lamartine en 1848, mais apparue dès 1792. Elle porte le bonnet phrygien, symbole de l'esclave libéré, dans l'Antiquité. On trouve son buste dans toutes les mairies.

Les livres numériques Quelle Histoire

une collection complète à découvrir dès maintenant

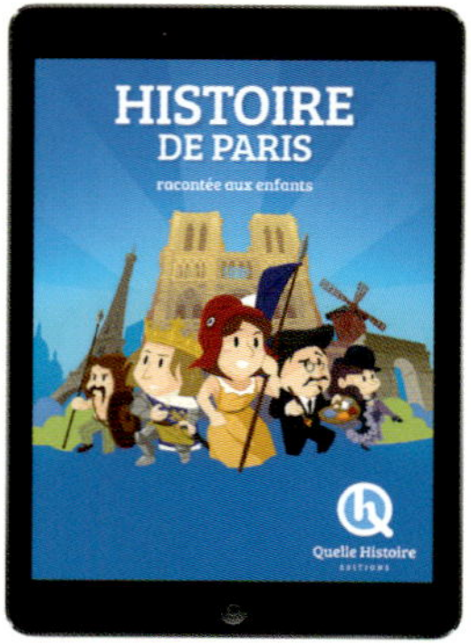

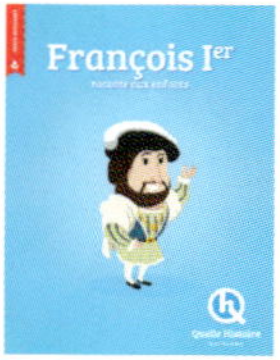

Disponible dans l'iBookstore

Disponible sur amazon

Recherchez « Quelle Histoire » dans l'iBookstore, ou dans l'Amazon store